MÉMOIRE

SUR

UN NOUVEAU PROCÉDÉ

POUR DÉTRUIRE LE CORDON DENTAIRE DES SIX DENTS ANTÉRIEURES, ET ÉVITER LEUR EXTRACTION.

MÉMOIRE

SUR

UN NOUVEAU PROCÉDÉ

POUR DÉTRUIRE LE CORDON DENTAIRE DES SIX DENTS ANTÉRIEURES, ET ÉVITER LEUR EXTRACTION;

PRÉCÉDÉ

DE QUELQUES RÉFLEXIONS CRITIQUES SUR L'OPINION DE M. LEMAIRE, QUI SOUTIENT QUE LES DENTS SONT DES CORPS INORGANISÉS ET NULLEMENT SOUMIS A L'EMPIRE DE LA VIE ANIMALE.

PAR A. DELMOND,

Chirurgien-Dentiste reçu à la Faculté de Paris; Chirurgien du Bureau de charité du XIe arrondissement; Chirurgien-Dentiste de l'Institution Royale des Jeunes Aveugles, du Collège Stanislas, etc.

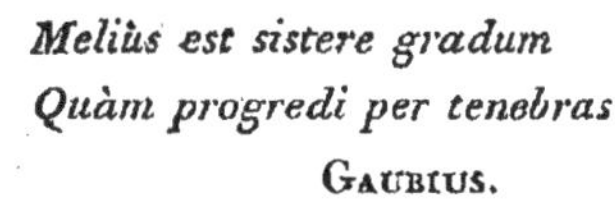

Meliùs est sistere gradum
Quàm progredi per tenebras.
GAUBIUS.

A PARIS,

Chez l'AUTEUR, rue des Fossés-Saint-Germain-des-Prés, n° 13;

Et chez CREVOT, Libraire, rue de l'École-de-Médecine, n° 3.

1824.

MÉMOIRE

SUR

UN NOUVEAU PROCÉDÉ

POUR DÉTRUIRE LE CORDON DENTAIRE DES SIX DENTS ANTÉRIEURES, ET ÉVITER LEUR EXTRACTION.

La dent est-elle organisée, ou n'est-elle soumise en aucune manière à l'empire de la vie animale une fois qu'elle est formée et sortie de l'alvéole? M. Delabarre a soutenu avec raison la vitalité des dents, et il en a donné les preuves en bon physiologiste. Il serait à désirer que toute sa doctrine fût aussi vraie que celle où il traite des divers degrés de vitalité propres à chaque partie qui concourent à l'organisation des dents, et que, déduisant des conséquences raisonnées de ses connaissances physiologiques, il les eût appliquées à la méthode qu'il propose pour l'arrangement des dents de la seconde dentition.

Plus récemment encore, M. Lemaire a publié la suite de son traité sur les dents; diffus, sans en être plus clair, il soutient, par des arguments que je ne m'attacherai pas à réfuter (les bornes de ce mémoire s'y opposent), il soutient, dis-je, que la dent est absolument inorganisée. Cependant, comme cette opinion n'est pas seulement propre à M. Lemaire, je crois devoir produire quelques-uns de ses arguments : on pourra juger de la solidité et de la clarté avec laquelle il les expose.

« * De cette double disposition des couches lamelleuses, et de la lame fibreuse qui cons- « titue la couronne des dents, on doit conclure que cette partie, où l'on n'a jamais pu « découvrir ni cellules, ni aréoles, est absolu- « ment étrangère à la circulation, et par con- « séquent à toute espèce de sensibilité qui lui « soit propre.

« On voit donc que la nature a tout fait pour « que la partie libre des dents qu'elle a chargée « de la mastication des aliments, soit capable « d'une longue résistance ; pour que, dans ses « pénibles fonctions, elle n'éprouve aucune « douleur, et préserve même de toute espèce « d'injures, les parties molles qu'elle recouvre, « ainsi que celles avec lesquelles nous la voyons « en connexion.

« Les personnes qui prétendent que la cou-

* Traité sur les Dents, tome 2, pages 9 et suivantes.

« ronne de la dent jouit, par elle-même, d'une « grande sensibilité, donnent pour motif de « leur opinion la sensation douloureuse qu'y « occasionent la chaleur, le froid, l'acidité « des aliments. Ils ajoutent que les affections « morbides de ces organes sont souvent accom- « pagnées de douleurs plus violentes que celles « que l'on éprouve dans aucune autre partie « du corps humain. Ces observations sont ex- « trêmement justes, et aussi vraies que les « conséquences que l'on veut en déduire sont « fausses. Dès que la couronne est étrangère à « toute circulation, elle doit l'être également « à toute espèce de sensibilité, et ne peut « être le siége d'aucune sensation agréable ou « pénible.

« Mais au centre de la couronne est une « cavité : cette cavité reçoit la pulpe dentaire, « qui est pourvue de vaisseaux et de nerfs assez « volumineux. Ce sont ces parties qui reçoivent « les sensations du chaud et du froid qui leur « sont transmises à travers toute l'épaisseur de « la couronne, tandis que les sensations résul- « tant des actions mécaniques, sont reçues et « transmises par la membrane qui renveloppe « la longueur et chaque division de la racine. « Parce que l'épiderme, la pellicule qui re- « couvre les muqueuses, les cheveux, les « poils, les ongles mêmes, transmettent les

« sensations des corps étrangers * aux papilles « nerveuses, en conclurons-nous que ces par- « ties soient sensibles, lorsqu'elles ne mani- « festent aucun des phénomènes caractéris- « tiques des tissus organisés ?

« Pourquoi voudrait-on donc que la cou- « ronne des dents, qui est composée de deux « tissus différents, très durs, et qui ne mani- « festent non plus aucun de ces phénomènes, « ne fût pas de la plus parfaite insensibilité? »

Voilà les raisonnements sur lesquels M. Lemaire fonde sa théorie. Je n'ai pu découvrir le mode de circulation qui existe dans l'intérieur des dents ; donc la circulation n'existe pas dans ces parties. Je ne puis concevoir comment et par quels moyens ces organes sont soumis à l'empire de la vie ; donc la dent une fois formée n'est plus soumise à l'influence du principe vital.

« Si les dents avaient seulement, dit M. Le- « maire, la moindre partie de la sensibilité de « nos organes, elles ne seraient dans la bouche « qu'un vain ornement. » Quel conséquence!!! « Félicitons-nous donc de ce que les couronnes « de nos dents soient des substances absolu- « ment inorganiques **. » Et qui peut prouver

* C'est-à-dire les sensations que nous font éprouver les corps qui nous approchent. Voilà ce qu'a voulu dire l'auteur.

** Tome 2, pages 291 et 292.

que les dents soient des corps inorganisés? Ce n'est pas M. Lemaire; il peut comparer la dent à Minerve, que la fable nous dépeint comme sortie armée de pied en cap du cerveau de Jupiter *, par la raison que la dent sort de l'alvéole, formée extérieurement, et revêtue de son émail, qu'il appelle lame striée.

Je dois rapporter ce passage de l'auteur.

« C'est dans chacun des petits alvéoles dont « je viens de parler, que chacune des dents « doit recevoir son développement avant de « paraître hors de la geneive, dont elle sort « tout armée, prête à servir à la vie de l'homme, « à peu près comme Minerve sortit du cerveau « de Jupiter. »

Cette comparaison, toute mal organisée qu'elle soit, peut prouver que notre auteur a de la mémoire et des connaissances en mythologie, mais elle ne prouve pas que la dent soit composée de parties tout-à-fait inorganiques, et par conséquent qu'elle soit d'une entière insensibilité.

Les personnes qui ont eu l'imprudence d'exposer leurs dents à l'action de divers acides, soit végétal, soit minéral, ont éprouvé un agacement, et je dirai même une douleur assez vive pour rendre la mastication impossible;

* Introduction du 1er volume, page xij.

et elles ne conviendront certainement pas que leurs dents soient inorganisées et n'aient aucune liaison avec le principe vital. Mais M. Lemaire, pour ressembler sans doute à Alexandre, qui trouve la solution du nœud gordien avec le tranchant de son épée, auquel on pourra le comparer, de même qu'il compare une dent à Minerve, tranche la question, et vous dit que la dent n'est pas organisée, parce qu'il ne conçoit pas quel est son mode d'organisation; et qu'il aime mieux décider une question aussi importante par des arguments avec lesquels il s'embrouille lui-même, que de reconnaître l'existence d'une vitalité qui, bien qu'elle existe, est si peu perceptible à nos organes, lorsque les dents sont dans leur état de santé, que nous ne pouvons concevoir comment existe ce qui est, bien que divers phénomènes le prouvent d'une manière irrécusable, phénomènes dont on ne pourrait se rendre raison, si l'on n'admettait point l'influence du principe vital sur les parties où nous les remarquons. L'homme, quoique son entendement soit borné, et qu'il ne puisse se rendre une raison exacte des phénomènes de la nature, qui sont et seront peut-être toujours des mystères pour lui, doit-il se refuser à admettre la cause de certains effets, parce qu'il ne peut l'approfondir; lorsque ces effets prouvent jusqu'à l'évidence l'existence de cette cause, qui seule peut les produire? Niera-t-il l'existence des fonctions intellectuelles, parce qu'il ne peut ni comprendre ni expliquer, d'une manière précise, comment s'exécutent ces diverses fonctions? et parce que, le scalpel à la main, il ne pourra trouver une cause satisfaisante de l'idiotisme, niera-t-il l'existence de cette infirmité?

Parce qu'en état de santé la cornée transparente n'offre aucune trace de circulation, M. Lemaire dira-t-il que cette membrane est inorganisée, et que, soumise à l'action de l'air et des divers agents qui peuvent altérer ou détruire son organisation, la nature ait dû, après l'avoir formée, abandonner cette partie à elle-même, et la priver de l'influence des forces vitales qui, toutes dirigées vers ce but unique, la conservation de nos divers organes, fait exister, lorsque ces forces sont également départies, cette harmonie admirable qui constitue ce qu'on appelle la santé?

Mais laissons les comparaisons, et puisons nos arguments dans la nature même de ces dents, que M. Lemaire soutient être inorganiques.

Si la couronne des dents n'était pas organisée, comment M. Lemaire, et ceux qui peuvent partager son opinion, pourraient-ils se rendre raison de ce changement de couleur et de densité qu'éprouvent les dents, à mesure que l'homme approche de la vieillesse; car les dents jaunissent avec l'âge: à quarante ans elles sont bien moins blanches qu'à vingt ans, et elles le sont bien moins encore à soixante.

On peut facilement faire cette remarque sur les dents de nos animaux domestiques; la durée de leur existence étant beaucoup plus bornée, les changements de couleur sont aussi plus sensibles et plus prompts. Comment expliquer la cessation de la carie, qu'il dit être déterminée sur les dents par un agent chimique? Admettons cette cause pour un moment. Comment cet agent chimique cesserait-il d'avoir son action sur les dents, si elles n'étaient pas soumises elles-mêmes à l'influence de cette nature qui, réagissant sans cesse, neutralise l'effet de cet agent, et veille ainsi à la conservation d'organes qu'elle s'est plue à former? On peut tout expliquer avec des hypothèses, je le sais; mais aussi les hypothèses nous éloignent souvent de la vérité.

Comment M. Lemaire peut-il expliquer la cause de la douleur que produit cette maladie de l'émail, connue sous le nom d'érosion, si la couronne de la dent n'est pas soumise à l'empire de la vie? pourquoi éprouve-t-on une douleur si vive, lorsque cet émail malade est touché même très légèrement?

Cette érosion est originelle ou accidentelle ; je l'ai vue suivre fréquemment les maladies inflammatoires des muqueuses intestinales ; elle a ordinairement son siége, dans cette dernière circonstance, à la partie supérieure de la dent, à un quart de ligne du collet. Les dents supérieures sont parculièrement atteintes de cette affection. A quoi faut-il attribuer cette maladie de l'émail? Est-ce à l'influence de la maladie générale? est-ce aux médicaments souvent acides que l'on emploie pour les combattre? ou enfin est-ce à la nature du mucus de la bouche qui contient des principes délétères, dépendants d'un état saburral qui accompagne l'état inflammatoire? Je ne rechercherai pas la cause de cette maladie, parce que je sortirais de la question ; mais cette cause, quelle qu'elle soit, prouve l'influence du principe vital sur la couronne de la dent. La douleur subite, que le moindre attouchement fait naître, démontre évidemment que la couronne, que l'émail même n'est pas inorganisé, et qu'au contraire, ayant une organisation qui est particulière aux fonctions qu'il doit remplir, la sensibilité paraît cachée dans ce tissu, lorsqu'il est dans un état sain ; elle est moindre dans l'émail que dans le tissu propre de la dent ; mais elle s'y développe à un très haut degré lorsqu'il est dans un état pathologique.

Comment les médicaments, que l'on emploie

pour faire cesser ce genre de carie, peuvent-ils avoir une action quelconque sur un tissu inorganisé, et non soumis à l'empire de la vie? Les préparations camphrées réussissent souvent pour arrêter les progrès de cette érosion ; je les ai conseillées avec le plus grand succès, et j'ai vu, par leur emploi, la portion altérée se séparer de celle qui était encore saine ; et cette dernière, quoique sa couleur fût changée, devenir dure, insensible, et former ce qu'on peut et ce qu'on doit appeler une cicatrice osseuse. La nature, aidée par le secours de l'art, arrive au but où tendent ses efforts ; une plus grande quantité de phosphate calcaire est portée vers le lieu malade; cette substance rend plus dense le tissu qui va être exposé aux injures des divers agents qui peuvent émouvoir la sensibilité, et déterminer dans ce tissu, et consécutivement dans la pulpe dentaire, une irritation morbifique.

Comment expliquer ces phénomènes, si l'on pose en principe que la couronne de la dent n'est pas soumise à l'influence de la vie, et s'il ne faut « considérer la carie dentaire ni comme « une mortification, ni comme une ulcération « telle qu'elle a lieu sur le tissu vivant, mais « comme une dissolution successive de quel- « ques parties des substances dures d'une dent, « qui a lieu après la destruction de la cohésion

« de leurs éléments, opérée soit mécanique-« ment, soit chimiquement, ainsi que dans les « corps inorganiques *? »

Félicitons-nous donc de ce que nos dents soient des substances tout-à-fait inorganiques. M. Lemaire a souvent placé des dents artificielles pour réparer les pertes qu'avaient faites les personnes qui ont eu recours à son ministère. Il a employé les dents humaines, qu'il a montées de différentes manières, afin de les faire tenir dans la bouche. Ces dents, qui n'étaient plus soumises à l'empire de la vie, ont-elles résisté long-temps à l'action de la salive et des divers agens qui peuvent les altérer? Quatre ou cinq ans, terme moyen, après quoi il faut renouveler ces dents artificielles qui se ramollissent, dont l'émail se détruit, ou qui du moins se noircissent et contrastent singulièrement avec celles qui restent encore à la personne qui les porte. Si leurs dents n'étaient pas plus soumises à l'empire de la vie que ne le sont les dents replacées, elles devraient éprouver les mêmes altérations que ces dernières, et n'offriraient certainement aucune différence. Mais je dis plus: si les dents n'étaient pas organisées, elles ne se carieraient pas; elles ne seraient pas susceptibles de se décomposer, parce qu'il n'y a que les corps com-

* Tome 2, page 247.

posés qui puissent être soumis à une décomposition quelconque. Voilà une réflexion que n'a pas faite l'auteur du traité sur les dents. Je le prierai encore de vouloir bien me résoudre cette question : si les dents sont inorganisées, si la carie n'est pas une maladie, mais une véritable dissolution, semblable à celle à laquelle peuvent être soumis les corps *inorganiques*, pourquoi toutes les dents ne seraient-elles pas attaquées en même temps par cette dissolution, lorsqu'elle a lieu chimiquement, puisque le même agent qui déterminera la destruction de l'une, devra nécessairement agir sur toutes les autres, qui sont également soumises à son action?

C'est une erreur que de dire que la couronne de la dent est étrangère à toute espèce de circulation (M. Lemaire est loin d'avoir donné des preuves suffisantes de ce fait qu'il avance) ; qu'elle est également étrangère à toute espèce de sensibilité, et ne peut être le siége d'aucune sensation pénible ou agréable. Tous les plus beaux raisonnements du monde ne pourront jamais détruire un fait qui existe, qui est prouvé et que l'expérience peut démontrer à chaque instant. M. Lemaire taxerait de folie quiconque voudrait lui prouver qu'il est aveugle, lorsque, voyant parfaitement les objets présents à sa vue, et se dirigeant vers eux, il peut les saisir, les examiner et en faire la description ; aussi, ne pouvant entièrement nier l'existence de la sensibilité de la couronne des dents, l'auteur dit que c'est au travers de ces parties que les diverses sensations sont perçues par la pulpe dentaire ; mais comment un corps purement inerte peut-il transmettre à un autre, avec lequel il n'a point de rapports, une sensation quelconque qu'il ne peut percevoir? Si M. Lemaire veut me résoudre cette question, il me fera plaisir; mais je doute qu'il y parvienne jamais. En vain, il dira que la douleur, produite par les acides, est perçue par la pulpe au travers de la couronne de la dent. La réponse est loin d'être satisfaisante; car, de deux choses l'une: ou bien il faut que la dent transmette ce qu'elle a perçu, et, pour percevoir une sensation, il faut qu'elle soit organisée, parce qu'un corps inerte ne peut rien percevoir, et par conséquent rien transmettre, si cè n'est le son et le mouvement qu'il transmet au moyen de la vibration des molécules qui le composent; la lumière plus ou moins réfractée, lorsque ces molécules sont transparentes.

Ou bien il faut que la dent, si elle est inorganisée, comme le soutient M. Lemaire, laisse pénétrer au travers de sa texture l'agent acide qui va irriter la pulpe; alors, l'acide ne pénétrera qu'en détruisant la cohésion des molécules qui composent la couronne de la dent, et sa destruction sera la conséquence de cette perméabilité ; destruction qui sera d'autant plus active qu'étant absolument privée des secours des forces vitales, elles ne réagiront pas pour s'opposer à son action. Que l'épiderme, que la pellicule qui recouvre les muqueuses, les cheveux, etc., soient insensibles dans l'état sain, l'expérience le prouve ; mais cela ne prouve pas que ces diverses parties soient inorganisées. Il fallait bien que la nature recouvrît la surface du corps, et tapissât les cavités d'une membrane *sui generis*, et propre, par son peu d'irritabilité, à empêcher les impressions douloureuses que produiraient infailliblement les divers corps qui nous approchent, s'ils étaient mis en contact avec les houppes nerveuses qui sont parsemées à la périphérie de notre corps. Mais parce que ces parties ne sont pas irritables, sont-elles inorganisées? N'ont-elles pas plutôt une organisation particulière à chacune, suivant la fonction qu'elle doit remplir? Ainsi la pellicule qui protège la muqueuse de la bouche, en évitant aux papilles nerveuses les impressions douloureuses que produiraient les aliments mis en contact immédiat avec elles, leur en laisse percevoir, ou leur en transmet la saveur, tandis que l'épiderme ne laisse percevoir que la forme des divers corps qui sont soumis au toucher, ainsi que les divers degrés de température de ces corps.

Tout prouve suffisamment que les dents sont organisées, qu'elles sont soumises à l'empire de la vie; mais les différentes parties qui forment les dents jouissent d'un degré de sensibilité différent. La nature a dû les recouvrir d'une enveloppe dure et polie, capable de résister aux efforts de la mastication: l'émail, que M. Lemaire appelle lame striée, a cette propriété. Pourquoi vouloir que non-seulement cet émail, mais encore le tissu de la couronne ne soit pas soumis à l'empire de la vie animale? pourquoi refuser à ces parties une sensibilité qui leur est particulière? « Rien dans le corps vivant, dit « M. le professeur Richerand, n'est absolu- « ment insensible; mais dans chaque organe « la sensibilité est tellement modifiée, qu'elle « ne répond pas au même stimulus. Ainsi, « l'œil est insensible aux sons, comme l'oreille « à la lumière. Une dissolution de tartrite anti- « monié de potasse ne produit aucune impres- « sion désagréable sur la conjonctive; portée « dans l'estomac, elle produit des mouvements « convulsifs; tandis qu'un acide, que ce der- « nier supporte, irrite la membrane qui unit « les paupières au globe de l'œil, et occasione « une violente ophtalmie. C'est par la même « raison que les purgatifs traversent l'estomac

« sans produire leur effet sur ce viscère, et « vont solliciter l'action du tube intestinal; que les cantharides affectent spécialement la ves- « sie; le mercure, les glandes salivaires. Cha- « que partie sent, se meut, et vit à sa manière; « dans chacune, les propriétés vitales se nuan- « cent et se modifient de telle sorte, qu'elles « peuvent être considérées comme autant de « membres séparés d'une même famille, tra- « vaillant à un but commun, tendant à un « même résultat, concourant aux mêmes tra- « vaux, *consentia omnia.* (Hipp.) * »

Je citerai encore ces divers passages de la Physiologie de M. le professeur Richerand; ils prouveront non moins évidemment l'existence de l'organisation des dents. « Les corps inorganisés diffèrent de ceux qui ont la vie en partage, par l'homogénéité de leur substance, par l'indépendance parfaite de leurs molécules, dont chacune, comme l'a dit Kant, a en elle-même la raison de sa manière d'être, par leur inaltérabilité dépendante de la simplicité de leur composition, et par le défaut de ces forces particulières qui dérobent les corps organisés et vivants, à l'empire absolu des lois physiques, etc. ** »

Établissant la différence qui existe entre les

* Richerand, Physiologie, t. 1, page 43.

** Voyez R., t. 1, p. 6.

corps organisés et les corps inorganiques: « La « première différence remarquable se tire, dit-« il, de l'homogénéité de ceux-ci, et de la com-« position de ceux-là. Brisez un bloc de mar-« bre ; chaque morceau sera parfaitement « semblable aux autres pour sa nature ; il n'y « aura entre eux que des différences de volume, « de figure ; pulvérisez les fragments, chaque « grain contiendra des molécules de carbonate « de chaux, qui seront les mêmes pour tous. « La division d'un végétal ou d'un animal pré-« sente au contraire des parties hétérogènes et « dissemblables. Ici ce sont des muscles, là « des os, plus loin des artères, des fleurs, des « feuilles, de l'écorce, de la moelle, etc. * »

Ne pourrais-je pas dire aussi : Brisez une dent, et chaque fragment offrira des caractères et des parties essentiellement différentes : ici l'émail qui, d'un côté, recouvre les fragments, tandis que l'autre laisse apercevoir la substance osseuse à découvert ; là une pulpe, une veine, un artère, un nerf, etc. Ces parties, qui diffèrent essentiellement par les éléments qui les composent, ne peuvent concourir à former qu'un tout organisé ** ; donc M. Lemaire a eu

* Voyez Richerand, Phys., t. 1, p. 7.

** Voyez l'analyse des dents humaines, dans Thénard, p. 774, t. 3, 3e édition.

tort d'avancer que la dent était une substance inorganique.

« Aussitôt que la vie abandonne les organes, « ils rentrent sous l'empire des lois physiques, « auxquelles obéissent pleinement tous les corps « inorganisés. » Voilà pourquoi une dent humaine, replacée artificiellement dans la bouche d'une personne, s'altère, se décompose, et présente des caractères différents de celles qui sont encore existantes.

« Un mouvement intestin s'établit dans leur substance (la substance des corps organisés,) et leurs molécules ont une tendance d'autant plus forte pour s'abandonner, que leur composition est plus avancée. La chimie apprend que l'altérabilité des corps est en raison directe de la multiplicité de leurs éléments; et que l'existence cadavérique d'un être organisé se prolonge d'autant plus, que sa composition est plus simple, ses principes constituants moins nombreux et moins volatils *. »

Voilà pourquoi une dent résiste plus longtemps qu'une autre substance animale à l'action de la salive et des autres agents qui peuvent altérer son organisation; mais enfin elle se décompose, elle éprouve des changements qui la font contraster avec celles qui restent à la per-

* Richerand, Physiologie, t. 2, p. 518 et 519.

sonne qui la porte; ces changements sont analogues à la putréfaction ; ils ont lieu sur la dent replacée, parce qu'elle est dans un état de mort réelle, et ne sont pas remarqués sur les dents adhérentes aux mâchoires, parce que, formant une partie essentielle d'un être vivant, elles sont ainsi que toutes les autres parties sous l'influence conservatrice du principe vital.

Voilà des considérations qui prouvent, je crois, jusqu'à l'évidence, l'erreur dans laquelle est tombé M. Lemaire. J'ai cru devoir combattre son opinion sur l'organisation de la dent, à laquelle je ne me rendrai certainement pas, attendu qu'il ne m'a pas fourni des preuves suffisantes pour me convaincre; et qu'au contraire, l'étude de l'anatomie, de la physiologie et des autres sciences accessoires, me prouvent, d'une manière incontestable, que la dent est organisée ; qu'elle jouit de la vie; que son organisation, il est vrai, est différente de l'organisation de tel ou tel autre organe; mais qu'elle est en raison des fonctions que la dent doit remplir.

Si je voulais réfuter la théorie qu'a publiée l'auteur, on conçoit que j'aurais beaucoup à dire ; reposant sur une erreur, toutes les conséquences doivent en être fausses*. Mais je ne crois

* Peut-être entreprendrai-je cette tâche, lorsque paraîtra le dernier volume, contenant la Thérapeutique et la *Chirurgie opératoire*.

pas que j'entreprenne jamais cette tâche; M. Lemaire est obscur * et diffus dans l'exposé de sa doctrine; il prouve combien il est difficile de soutenir l'erreur.

Je n'ai pas eu l'intention de blesser l'auteur par cette légère réfutation ; j'ai attaqué la doctrine, sans attaquer celui qui la professe; mais ne pourrais-je pas lui faire observer la légèreté avec laquelle il traite un homme dont les écrits ont enrichi notre art, M. Duval enfin, dont il réfute les divers points de doctrine qu'il a mis en précepte, ou qu'il a éclairés de son observation? Il semble l'accuser de plagiat **!

* Pourquoi changer inutilement une nomenclature? si c'est pour se rendre tout-à-fait inintelligible, et fatiguer l'attention de ses lecteurs, que l'on nomme telle partie que l'on veut décrire par des noms qui peignent moins encore que ceux qu'on employait, la chose est différente. Mais quel qu'en soit le motif, le mot *lame striée*, par lequel M. Lemaire désigne l'émail, ne peint pas davantage l'objet qu'il veut désigner ; au contraire, car on entend par lame une bande d'une substance quelconque, plus longue que large, et dont l'épaisseur est moindre que la largeur; et l'émail qui recouvre toute la partie extérieure de la couronne est bien loin d'avoir la forme d'une lame. Le mot *coquille dentaire*, par lequel M. Lemaire désigne la couronne, peint-il davantage? certainement non; les parois d'une coquille sont ordinairement minces, comparativement au volume de l'objet; la cavité est assez grande, et n'a pas la propriété de s'oblitérer, ce qu'on remarque assez ordinairement sur les dents des vieillards. *Noyau de la dent*: quelle analogie peut-on trouver avec ce qu'on est convenu d'appeler noyau et la pulpe dentaire?

** Voyez Traité sur les Dents, p. 250.

Voyons de quelle manière M. Lemaire réfute les arguments par lesquels M. Duval soutient que les arcs maxillaires ne sont pas susceptibles de s'accroître après le développement des dents de sept ans, et comment il a compris la démonstration qu'il critique.

« Si maintenant on fait un peu d'attention, « dit M. Duval, à cette démonstration, il sera « facile de reconnaître que la vérité en est aussi « palpable que le résultat de ces deux pro- « gressions géométriques 1, 2, 3, 4, 5, et « 5, 4, 3, 2, 1; et que par conséquent les « cinq dents, tant primitives que secondaires, « considérées comme autant de cubes repré- « sentés par ces nombres, à quelque différence « près, ne demandent pas plus de place les « unes que les autres pour leur arrangement, « de quelque manière qu'elles soient pla- « cées, etc. * »

Voici la réfutation de M. Lemaire ** : « Selon « M. Duval, les dents de l'appareil temporaire « seraient comme 1, 2, 3, 4, 5, et celles qui « les remplacent seraient dans la progression « inverse comme 5, 4, 3, 2, 1; ce qui ne veut « rien dire autre chose, sinon que chez les en- « fants une molaire occuperait cinq fois plus

* De l'Arrangement des Dents de seconde dentition, par M. Duval, p. 36.

** Physiologie, tome 1er, p. 186.

« de place qu'une incisive; et que dans le se« cond, au contraire, une biscupide en occu« perait cinq fois moins qu'une incisive, ce « qui, certainement, n'est ni vrai ni vraisem« blable, etc. »

De sa démonstration M. Duval déduit cette conséquence, que la diversité du volume des dents de seconde dentition étant en sens inverse à la diversité du volume des dents de lait, pour avoir une mesure exacte et comparative de l'arc antérieur, à l'une et à l'autre époque de la vie, il fallait mesurer les dix dents antérieures, en prenant depuis la première molaire permanente d'un côté à l'autre, et ne pas se contenter de mesurer les six dents antérieures. Il a ajouté en outre que cette différence de volume, jointe à l'accroissement que les arcs maxillaires antétérieurs acquièrent dans les premiers temps de la vie, suffisait certainement pour que l'arrangement des secondes dents fût régulier; parce que si les incisives et canines prennent plus de place, parce qu'elles sont plus volumineuses que les dents incisives et canines de lait, les petites molaires ou biscupides prendront moins de place que les molaires de lait, étant moins volumineuses qu'elles.

Voilà ce qu'a voulu dire M. Duval, et non pas qu'une molaire de lait occupait cinq fois plus de place qu'une incisive, etc. M. Lemaire n'a pas compris l'auteur qu'il veut réfuter, et qui écrit pourtant avec pureté et précision. Je suis étonné qu'il n'ait pas cherché à saisir le véritable sens de cette proposition, qu'il était cependant plus facile de comprendre et d'expliquer, qu'il n'est facile de comprendre et d'expliquer les mystères que nous offrent un grand nombre de phénomènes de la nature.

Pour l'honneur de l'art, je dois encore faire une observation à M. Lemaire; je le dois par respect pour le savant qu'il outrage avec autant d'injustice. Que l'on réfute la doctrine exposée par un auteur quelconque, rien de mieux; que l'on cherche à établir des préceptes conformes à la vérité, c'est très juste; mais il faut le faire avec décence et sans outrager personne. M. Lemaire a-t-il suivi ces règles, lorsqu'il réfute ce passage de M. Marjolin qui dit, après avoir parlé des diverses aberrations de la nature dans la situation des dents? « Ajoutons que l'on a « rencontré des dents dans les orbites, la langue, le pharynx, l'estomac, et que ce n'est « pas une chose extraordinaire que d'en trouver dans les ovaires, et même dans la ma- « trice. »

Voici la réfutation de M. Lemaire : « Ces « mots, *ajoutons que*, et *ce n'est pas une* « *chose extraordinaire que*, etc., prouvent « que si M. Marjolin parle de dents dans les

« orbites, dans l'estomac, etc., ce n'est pas « qu'il ajoute foi à ces faits merveilleux, qui « n'existent que dans l'imagination de son « beau-père. Qu'on est heureux, quand on « veut se faire passer pour un habile homme, « d'avoir un gendre savant et complaisant! Il « nous prête son nom, et donne ainsi de l'au- « torité à tout ce qu'il nous plaît de faire croire « au public *. » (Traité sur les Dents, 2e vol., page 47.)

M. Marjolin a sans doute rencontré des dents placées dans des endroits éloignés du lieu que la nature leur avait assigné. J'en ai vu une de la classe des surnuméraires, située à la voûte palatine, dans la suture formée par la réunion des deux os. On peut certainement rencontrer des aberrations plus singulières encore. Mais que M. Marjolin se soit trompé, l'auteur de cette réfutation devait-il lui supposer des intentions aussi criminelles que celles qu'il lui suppose. Quoi! M. Marjolin aurait soutenu une erreur, dans la seule vue de tromper le public, et uniquement pour plaire à son beau-père! Voilà certainement, pour me servir des propres expressions de M. Lemaire, une assertion qui

* Ne pourrait-on pas, sans y entendre malice, souhaiter que M. Lemaire eût un beau-père savant, et assez complaisant pour l'engager à supprimer la multitude de *qui* et de *que* placés dans ce passage?

n'est ni vraie, ni vraisemblable. Il n'a pas réfléchi sur ce que cette réfutation a d'outrageant; et dans cette circonstance, comme dans beaucoup d'autres passages de son ouvrage, il a écrit avant de penser, et nous a prouvé que réfléchir n'était pas sa coutume.

On est forcé de remarquer ce peu de réflexion, lorsque l'on considère que M. Lemaire a fait imprimer la traduction de l'ouvrage de Fox; qu'il n'a fait alors aucune observation sur les préceptes donnés par ce dentiste anglais, préceptes qu'il a paru approuver, puisqu'il ne les a commentés en aucune manière, et que, les traduisant et les mettant entre les mains des élèves, il semblait leur dire: J'ai fait imprimer cette traduction, parce que non-seulement je la trouve conforme à la saine doctrine, mais encore je trouve que c'est ce qu'on a écrit de mieux sur la science. Cependant, aujourd'hui M. Lemaire réfute cet auteur, et le traite avec une légèreté qui n'est ni raisonnable, ni raisonnée.

Je me résume. D'après l'exposé des preuves que j'ai esquissées sur l'organisation des dents, on voit s'il est raisonnable de vouloir soutenir que la dent est un corps tout-à-fait inorganisé. Sans doute la nature, qui a organisé nos diverses parties de manière à les rendre propres à remplir les diverses fonctions dont elles sont chargées, a dû recouvrir les dents d'une couche extérieure beaucoup plus dure, et capable de protéger les tissus osseux qui forment la dent contre les divers agents qui pourraient l'altérer.

Je dis tissus osseux, parce que, quoi qu'en dise M. Lemaire, la dent n'est autre chose qu'un os d'une organisation particulière, beaucoup plus dur en effet que tous les autres os de l'économie, mais formé des mêmes éléments, dans des proportions différentes.

Chaque fois que je lis l'exposé de semblables doctrines, je regrette qu'il ne soit pas encore venu dans l'idée de MM. les chirurgiens-dentistes de former une société à l'instar des diverses sociétés de médecine : chacun des membres portant à la société le tribut de ses découvertes ou de ses connaissances, il pourrait en résulter un bien qu'on ne peut apprécier ; une idée en ferait naître mille autres, et toutes dirigées vers ce but unique, le perfectionnement de la science; l'art et l'humanité ne pourraient qu'y gagner.

Mais il est encore beaucoup de chirurgiens-dentistes qui font des mystères de leurs découvertes ou de leurs procédés. Ils ignorent donc combien ils se rendent coupables envers la société. Mûris par d'autres, leurs procédés pourraient recevoir des perfectionnements.

« Celui qui publie une découverte, dit Gariot, « ne doit pas craindre que cette publication

« nuise à ses intérêts ; les gens opulents s'adres-
« sent toujours aux inventeurs des découvertes
« utiles, parce qu'ils pensent, avec raison, que
« l'auteur d'un procédé est ordinairement celui
« qui sait le mieux l'employer. Le mystère,
« dans une chose utile, restreint toujours son
« emploi ; il empêche qu'elle ne se répande,
« qu'elle ne s'accrédite, et fait toujours plus
« de tort à l'inventeur qu'il ne lui procure
« d'avantages. Je pense donc que c'est toujours
« par un faux calcul qu'on garde un secret de
« cette nature ; d'ailleurs, le petit tort particu-
« lier que pourrait éprouver l'inventeur d'une
« découverte en la divulguant, ne peut être
« mis en balance avec la satisfaction qu'il doit
« éprouver à être d'une utilité générale *. »

Partageant cette opinion, je crois devoir rendre publique une opération qui m'est particulière ; je ne me donne pas le mérite de l'invention entière, mais j'ai perfectionné le moyen qui avait été proposé par divers auteurs ; je l'ai employé très fréquemment, et toujours avec le plus grand succès.

Convaincu du dommage qui résulte de l'extraction des dents incisives et canines, j'ai cherché les moyens d'éviter cette opération, et de conserver même les racines de ces dents.

* Traité des Maladies de la Bouche, p. 297.

Lorsqu'on ôte une dent, surtout une incisive, l'alvéole qui est vide s'affaise, les deux bords externe et interne se rapprochent, le collet des dents voisines se trouve découvert, et la solidité de ces dents est considérablement diminuée. Elles tendent à se rapprocher pour s'appuyer mutuellement. Comparer les arcades dentaires à une voûte composée de diverses parties qui se prêtent entre elles un point d'appui réciproque, est une idée ingénieuse et vraie; aussi doit-on, autant que possible, ménager les divers points d'appui, afin de conserver la solidité du tout.

Les douleurs odontalgiques, violentes lorsqu'elles ne sont pas produites par des névralgies essentielles, sont ordinairement le résultat ou de la maladie de la pulpe, ou des impressions que reçoit le nerf dentaire, lorsqu'il est à découvert. Détruire ce nerf est le seul moyen de les faire cesser; alors la dent, qui n'aura plus de rapport avec le principe vital que par la partie extérieure de sa racine, pourra être conservée.

On a proposé l'emploi de diverses huiles essentielles et du cautère actuel; mais les essences échouent fréquemment; il faut souvent répéter leur application; et l'irritation qui en résulte, se propageant aux membranes alvéolaires et au périoste, force souvent d'extraire les dents que l'on voulait ménager. L'emploi du cautère actuel, malgré l'idée ingénieuse de M. Maury, qui a donné un nouvel instrument que l'on trouve décrit pages 68 et 69 de son Manuel du Dentiste, ne peut réussir que lorsque la couronne de la dent n'existe plus, et qu'on peut pénétrer verticalement dans le canal dentaire, parce qu'alors le renflement ovoïde qu'il a ajouté à cet instrument, afin de conserver sa chaleur, pourra être de quelque utilité; mais il serait inutile et même nuisible, si l'on voulait conserver une partie de cette dent cariée, parce que, en approchant de la couronne, l'action du calorique ferait éclater l'émail, et rendrait plus considérable la brèche qui résulte de la carie. Un autre inconvénient attaché à l'emploi du cautère actuel, c'est qu'on ne peut borner l'action du calorique; que toujours la brûlure est suivie d'une réaction inflammatoire; que cette inflammation s'étend souvent aux parties environnantes, et donne lieu à des fluxions et à des abcès dans l'alvéole. D'ailleurs, le stylet se refrodit souvent assez pour ne pas détruire entièrement le cordon dentaire, et alors il faut répéter l'opération.

Comme l'observe judicieusement M. Maury, le stylet ordinaire employé à froid ne peut, à la première application, détruire la sensibilité du nerf dentaire. J'ai senti tous ces inconvénients, et je propose pour cette opération un stylet particulier que je n'ai trouvé décrit nulle part, et qui m'a toujours réussi, lors même que les dents n'étaient pas entièrement cariées.

Ce stylet consiste en un fil d'acier fin et recuit; il est aplati et tranchant à son extrémité supérieure, les deux côtés latéraux, proche de cette extrémité, portent un petit dard semblable à celui d'un hameçon, ou mieux à celui que porte chaque côté du fer d'une flèche; ces dards ont très peu de longueur, et sont faiblement écartés de la tige. Lorsqu'une dent est cariée, et que la cavité interne est à découvert, j'introduis avec promptitude ce stylet ou espèce d'aiguille, jusqu'à l'extrémité de la racine, puis je tourne deux ou trois tours, et la douleur cesse. Alors je retire l'instrument, et j'ai la satisfaction de le voir chargé du cordon dentaire, que le sommet de l'instrument à coupé à l'endroit où il pénètre dans l'intérieur de la dent, et que ses dards ont enlacé.

On sent bien que cet instrument n'est applicable qu'aux dents incisives et canines, ainsi qu'aux dents petites molaires de la mâchoire inférieure, parce qu'elles n'ont qu'un seul cordon dentaire, et une seule racine qui est droite. Il serait impossible de pratiquer cette opération sur les dents molaires, qui ont plusieurs racines, affectant souvent diverses directions, et qui, chacune, ont un cordon particulier.

En pratiquant cette opération, ainsi que je viens de l'exposer, j'ai conservé souvent des incisives et des canines; il est très avantageux de conserver ces dents pour soutenir l'arcade dentaire, empêcher, ainsi que je l'ai dit, l'ébranlement des dents voisines, et enfin pour remplacer les dents cariées par des dents artificielles à pivot; ce procédé pour les poser est préférable à tous les autres, même aux plus nouveaux.

Le moyen que j'offre à mes confrères m'a toujours réussi; j'ai toujours conservé les dents ou les racines des dents incisives et canines par son emploi lorsque toutefois il ne se joignait pas à la carie une maladie de l'alvéole, ce qui nécessite alors l'extraction de la dent; autrement, dans le cas de carie simple, j'ai toujours pu ou plomber la dent ou la racine, ou me servir de cette racine pour poser une dent à pivot.

Lorsqu'après avoir extrait le nerf par le procédé que je viens de décrire, on veut plomber la dent ou la racine qui a été soumise à cette opération, on doit attendre quelques jours, et pendant ce temps user des précautions suivantes: on bouchera la cavité avec du coton, on fera rincer la bouche du malade cinq à six fois par jour avec une décoction émolliente, en lui prescrivant de retirer le coton chaque fois qu'il se rincera la bouche, et d'en remettre de nouveau dans la cavité. Ainsi on s'opposera à toute espèce de réaction inflammatoire en laissant écouler le sang qui s'échappe de l'artériole qui a été divisée; son orifice s'oblitérera, et ensuite on pourra plomber la dent ou la racine avec la plus grande sécurité.

Voici l'opération décrite comme je la pratique. Si quelques-uns de mes confrères désiraient de plus amples détails sur ce procédé opératoire, je les prie de ne pas craindre de m'être importuns en m'interrogeant sur ce que je puis avoir laissé d'obscur dans cet exposé: mon but est d'être utile; et j'aurai atteint ce but, en les mettant à même de pouvoir pratiquer, aussi bien que moi, cette opération qui est très simple, qui n'a pas les suites désagréables de l'extraction, et qui, ainsi que je l'ai dit, réussira toujours lorsque les membranes alvéolaires ne seront pas malades.

N. B. Il faut avoir l'attention de ne pas trop aplatir le fil d'acier qui doit former l'instrument que je viens de décrire, parce que son grand diamètre ne serait plus en rapport avec le petit diamètre du canal dentaire, qui, souvent affecte une forme ovale; et que, ne pouvant tourner librement dans l'intérieur de la racine, il casserait et ferait manquer l'opération.

FIN.

DE L'IMPRIMERIE DE E. POCHARD,
RUE DU POT-DE-FER, F.-S.-G., N° 14.

www.ingramcontent.com/pod-product-compliance
Ingram Content Group UK Ltd.
Pitfield, Milton Keynes, MK11 3LW, UK
UKHW020947220726
13924UKWH00002B/549